세상에는 알쏭달쏭하고
신기한 것들이 참 많아요.
우리 생활 속의 숨어 있는 여러 가지
과학 원리를 알아볼까요?

**추천 감수_ 인체 유태우**
서울대학교 의과대학을 졸업하고 동 대학원에서 의학박사 학위를 받았습니다. 미국 미네소타 대학교 가정의학과 교환교수로 근무하였으며, 서울대학교 의과대학 가정의학교실 주임교수, 서울대학교병원 건강증진센터와 원격진료센터 책임교수로 재직 중입니다. KBS 의학 자문 및 객원 해설위원으로 활동하고 있습니다. 현재 유태우의 신건강인센터 원장으로 있습니다. 쓴 책으로 〈내 몸 개혁 6개월 프로젝트〉, 〈내 몸 사용 설명서〉, 〈영양 치료와 건강 기능 식품〉, 〈비타민 쇼크〉 등이 있습니다.

**추천 감수_ 식물 유영한**
공주대학교 생명과학과 교수, 한국어린이식물연구회 이사, 한국생태학회 이사입니다. 한국생물교육학회, 한국초등교육학회, 한국환경교육학회, 한국과학교육학회, 한국식물분류학회 회원입니다. 서울대학교 박사특별연구원, 국립환경과학원 책임연구원, 서울여자대학교 연구교수를 역임하였습니다. 환경 보전과 교육에 대한 공로로 환경부장관상과 국무총리상을 수상하였습니다. 초등학교 과학 개정 교과서 심의위원으로 어린이의 자연환경 교육에 관심이 많습니다. 쓴 책으로 〈아름다운 풀과 꽃〉 등 11권과 50여 편의 학술 논문이 있습니다.

**추천 감수_ 동물 김원**
서울대학교 동물학과와 동 대학원 동물학과를 졸업하였습니다. 미국 플로리다주립대학교 대학원 생물학과에서 박사 학위를 받았습니다. 서울대학교 동물학과 교수, 미국 메릴랜드대학교 곤충학 연구교수로 근무하였으며, 한국과학기술한림원 정회원입니다. 현재 서울대학교 생명과학부 교수로 재직 중입니다.

**추천 감수_ 도구 및 물체·물질, 운동 이삼현**
연세대학교 물리학과를 졸업하였고, 미국 워싱턴대학교 대학원 물리학과에서 석사 및 박사 학위를 받았으며, 미국 MIT 공대에서 박사 후 연구원으로 근무하였습니다. 현재 연세대학교 물리학과 교수로 재직 중입니다. 옮긴 책으로 〈현대 물리학〉이 있고, 그 밖에 여러 편의 책을 썼습니다. 살아 있는 과학 교육을 만들기 위해 활동하고 있으며, 과학문화재단에서 지원하는 연세대학교 청소년과학기술진흥단에서 '눈으로 보는 과학' 프로그램을 개발하고 진행하는 데 힘쓰고 있습니다.

**추천 감수_ 우주와 자연 김동희**
충북대학교 과학교육학과를 졸업하였으며, 서울대학교 대학원 지질과학과에서 석사 및 박사 학위를 받았습니다. 서울대학교 지구환경과학부 BK21 박사 후 연구원, 미국 오클라호마대학교 자연사박물관 박사 후 연구원으로 근무하였습니다. 현재 국립중앙과학관 자연사전시연구팀 연구사로 있으며, 한국고생물학회 이사, 한국지구과학회 학술이사 및 편집위원으로 활동하고 있습니다. 옮긴 책으로 〈지구〉, 〈지구 시스템의 이해〉 등이 있습니다.

**글_ 정유경**
국어국문학을 전공하고 어린이 책을 만들어 왔습니다. 쓴 책으로는 〈신나는 음식여행〉, 〈팡팡 신비한 미스터리의 세계〉 등이 있으며, 옮긴 책으로는 〈놀이 임금님 북〉 등이 있습니다.

**그림_ 송향란 · 윤샘 · 이지희**
송향란은 서양화를 전공하였으며, 그린 책으로는 〈마귀할멈 감자 행성에 가다〉, 〈누나를 사랑해〉, 〈주꾸미 달에 올라가다〉, 〈교과서를 탈출한 과학〉, 〈냥냥 링링의 중국 이야기〉 등이 있습니다. 윤샘은 대학에서 애니메이션을 전공하였으며, 그린 책으로는 〈쥐돌이의 모험〉, 〈시계가 척척〉, 〈고슴도치가 데굴데굴 덱데굴〉 등이 있습니다. 이지희는 어린이를 위한 그림을 그리고 있으며, 그린 책으로는 〈과학 나라〉, 〈심청전〉, 〈놀이 동시〉, 〈이솝 이야기 미로 찾기〉, 〈우리 아이가 궁금해 하는 자연에 관한 모든 것〉 등이 있습니다.

# QBox 과학  64  교과서 속 과학 호기심

## 과학왕이 꼭 알아야 할 과학 이야기

**총기획 및 발행인** 박연환
**발 행 처** 한국톨스토이 | **출판신고** 제406-2008-000061호
**본    사** 경기도 성남시 분당구 대왕판교로34번길 23 한국헤르만헤세 빌딩
**대표전화** 031-715-7722 · 031-715-8228
**팩    스** 031-786-1100 · 031-715-1534
**고객문의** 080-715-7722 · 031-715-7722
**편    집** 이은정, 정혜원, 지수진
**디 자 인** 조수진, 방혜자, 성지현

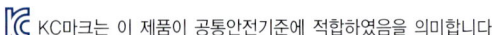

이 책의 저작권은 **한국톨스토이**에 있습니다. 본사의 동의나 허락 없이는 어떠한 방법으로도 내용이나 그림을 사용할 수 없습니다.

△ 주의 : 본 교재를 던지거나 떨어뜨리면 다칠 우려가 있으니 주의하십시오.
고온 다습한 장소나 직사광선이 닿는 장소에는 보관을 피해 주십시오.

KC마크는 이 제품이 공통안전기준에 적합하였음을 의미합니다.

# 과학왕이 꼭 알아야 할 과학 이야기

글 정유경 | 사진 송향란·윤샘·이지희

한국톨스토이

# 차례

### ● 운동과 에너지

옷에서 왜 정전기가 나요? …………………………… 8
배는 어떻게 물에 뜨나요? …………………………… 10
미끄럼틀을 타면 왜 엉덩이가 뜨거워요? ……………… 12
전자레인지는 어떻게 음식을 데워요? ………………… 14
새는 어떻게 하늘을 날아요? ………………………… 16

### ● 물체와 물질

비누를 쓰면 왜 깨끗해져요? ………………………… 18
아이스크림에서 왜 김이 나나요? ……………………… 20
빵을 오래 놓아두면 왜 곰팡이가 생겨요? …………… 22
어떻게 전화로 소리를 전해요? ……………………… 24
바닷물은 왜 마실 수 없어요? ………………………… 26
깎아 놓은 사과는 왜 색깔이 변해요? ………………… 28
과일은 왜 차게 해서 먹어요? ………………………… 30

### ● 도구와 기계

그림이 어떻게 살아 움직여요? ……………………… 32
지우개는 어떻게 글씨를 지워요? ……………………… 34
텔레비전은 왜 다 네모예요? ………………………… 36
자동차 바퀴는 왜 다 검은색이에요? ………………… 38
시곗바늘은 왜 오른쪽으로만 가요? …………………… 40

### ● 인체

왜 꿈을 꾸나요? ……………………………………… 42
눈물은 왜 나요? ……………………………………… 44

목욕탕에서는 왜 손가락이 쪼글쪼글해져요? ········· 46
추우면 왜 몸에 닭살이 돋아요? ················· 48
잠잘 때 왜 코를 골아요? ······················ 50
모기에 물리면 왜 가려워요? ···················· 52
날씨가 추우면 왜 오줌이 마려워요? ·············· 54
사람은 왜 잠을 자나요? ······················· 56
왜 감기에 걸려요? ··························· 58
피는 왜 빨간색이에요? ························ 60
왜 빙빙 돌면 눈앞이 어지러워요? ················ 62
흰머리는 왜 나요? ··························· 64
왜 물을 마셔야 해요? ························· 66
햇볕을 쬐면 왜 얼굴이 검게 타요? ··············· 68
귀지랑 코딱지는 왜 생겨요? ···················· 70

● 우주와 자연
어디까지가 하늘이에요? ······················· 72

● 동식물
개는 왜 혀를 내밀고 있어요? ··················· 74
지렁이는 어떻게 길을 찾아요? ·················· 76
동물도 혈액형이 있어요? ······················ 78
물고기는 어떻게 숨을 쉬어요? ·················· 80
가을이 오면 왜 단풍이 들어요? ················· 82
앵무새는 어떻게 말할 수 있어요? ··············· 84

## 옷에서 왜 정전기가 나요?

자고 금방 일어난 뒤 예쁜 머리카락을 빗을 때, 타닥!
내복 위에 입고 있던 스웨터를 벗을 때, 타다닥!
문손잡이를 잡을 때 팟!
이렇게 몸에서 탁탁 튀는 소리와 느낌이 나서 깜짝깜짝 놀랐던 적이 있을 거야. 이렇게 찌직, 타닥 소리와 불꽃이 일어나는 것을 **정전기**라고 한단다. 보통 때는 그냥 가볍게 튀는 느낌이 나지만, 쇠로 된 문손잡이 같은 것을 만질 때는 하얀 불꽃이 튀거나 따갑기도 하지.

가장 자주 볼 수 있는 정전기는 스웨터처럼 털이 북슬북슬한 옷에서 일어나는 정전기란다. 겨울철에 자주 볼 수 있지. 그러면 정전기는 왜 일어나는 걸까?

크거나 작거나 모든 물건에는 **전자**라는 것이 있단다. 또 모든 전자에는 눈에는 보이지 않지만 서로 끌어당기는 **양의 전기(+)와 음의 전기(−)**가 있지.

그래서 스웨터를 벗을 때 찌직! 하고 나는 소리는 내복과 맞붙어서 서로 끌어당기고 있던 스웨터가 떨어질 때 나는 소리야.

서로 비벼져서 일어난 전기가 둘 사이를 떼어 놓을 때 제자리로 돌아가려고 애쓰면서 나는 소리란다.

## 배는 어떻게 물에 뜨나요?

푸른 바다를 자유롭게 떠가는 배를 보면 참 신기하고 놀랍지. 배는 크고 무거운 쇳덩어리로 만들어졌는데 가볍게 떠다니니 말이야.

세면대에 물을 채우고 열쇠나 자석 같은 것들을 떨어뜨려 봐. 물속 깊이 가라앉는 걸 볼 수 있을 거야.

이렇게 작은 쇳덩어리들도 물에 가라앉는데, 이보다 훨씬 더 크고 무거운 배는 어떻게 그 많은 사람을 태우고 그 먼 바다까지 나아갈 수 있는 걸까?

예쁘게 접은 종이배도 있고 나무로 만든 뗏목도 있지만, 우리가 보통 바다에서 볼 수 있는 배는 모두 무거운 쇳덩어리로 만든 것들이지.

배를 만들 때는 쇳덩어리를 얇게 편단다. 그리고 공기를 담을 수 있을 정도로 둥글고 옴폭하게 만들지. 이렇게 하면 적당히 공기를 담은 얇은 그릇 모양의 쇠는 물속에 가라앉으려는 힘보다 물이 쇠를 바깥으로 밀어 올리려는 힘이 세진단다. 그래서 물 위를 떠 있게 되지.

하지만 이렇게 만든 배에다 하나, 둘, 셋…… 무거운 쇠구슬을
넣어 보렴. 구슬의 개수가 늘어날 때마다 배는 점점 가라앉을 거야.
밀어 올리는 물의 힘이 약해지기 때문이지.
그래서 배는 많은 사람이 타고 무거운 물건을 실어도 끄떡없을
만큼 크게 만드는 거란다.

# 미끄럼틀을 타면 왜 엉덩이가 뜨거워요?

미끄럼틀을 타고 주르륵 내려가면 엉덩이가 금세 따뜻해지는 것을 느낄 수 있을 거야.

어째서 미끄럼틀을 타는데 엉덩이가 뜨거워지는 걸까?

그 비밀을 알려면 먼저 두 손바닥을 마주 대고 비벼 보렴. 손바닥이 서로 닿아서 뜨거워지는 걸 알 수 있지?

이렇게 물건과 물건이 마주 스쳐서 그 자리에 뜨거운 열이 일어나는 것을 **마찰열**이라고 한단다.

사람들은 옛날부터 이런 열을 이용하며 살았단다.

아주 먼 옛날에는 나무랑 나무끼리, 돌이랑 돌끼리 비비고 부딪쳐서 불을 일으키기도 했어.

앗! 뜨거워.

지금 우리도 손이 시리면 입김을 불면서 마주 비비잖아.

이처럼 미끄럼틀은 가만히 있는데 엉덩이가 그 위에서 계속 움직이면, 엉덩이가 미끄러지는 것을 방해하는 힘이 생기는 거야. 이렇게 서로가 서로를 못 움직이게 방해하는 힘을 **마찰력**이라고 해.

그러니까 너무 신 나게 미끄럼틀을 타다 보면 옷에 구멍이 날 수도 있고, 잘못하다간 데어서 다칠 수도 있으니까 조심해야지.

# 전자레인지는 어떻게 음식을 데워요?

위이잉~ 땡!
몇 초에서 몇 분만 돌아가도 금방 만든 것처럼 음식이 따뜻하게 데워지는 전자레인지.
어떻게 그렇게 빨리 음식을 데워서 우리가 오래 기다리지 않고도 먹을 수 있게 해 주는 걸까?

전자레인지 속에서 열을 내는 것은 바로 전기로 된 빛이란다. 전자레인지 속에는 진공관이 있는데, 이 진공관 끝에 달린 안테나에서 전파가 나온단다. 이 전파는 음식물 속에 들어 있는 물 알갱이를 떨리게 하지. 물 알갱이와 음식이 빨리 부딪혀서 일어나는 열로 음식을 데우는 거야.

그런데 이 전파는 도자기나 유리 같은 그릇에는 흡수되지 않아. 그래서 그릇은 많이 뜨거워지지 않아도 그릇에 담긴 음식은 뜨거워지는 것이지.

하지만 전자레인지 속에 쇠나 알루미늄같이 금속으로 된 그릇을 넣으면 안 돼. 전파가 그릇에 닿을 때마다 튕겨져 나오기 때문에 엄청난 소리가 나고, 전자레인

지가 망가져 버릴지도 모르거든.

전자레인지는 쓰는 법도 간단하고, 음식을 익혀 주는 시간도 빠르기 때문에 많은 집에서 쓰고 있어.

하지만 음식을 너무 오랫동안 전자레인지로 익혀 먹거나 모든 음식을 전자레인지로 데워 먹는 것은 몸에 좋지 않단다.

# 새는 어떻게 하늘을 날아요?

파란 하늘을 날아가면서 구름도 만나고, 바람도 간질이고, 자기 날개로 어디든지 날아갈 수 있는 새는 정말 좋겠다. 그렇지?
하지만 사람은 새처럼 날 수 없어. 새는 알에서 나올 때부터 몸이 하늘을 날도록 만들어져 있거든. 새는 뼛속이 텅텅 비어 있지. 우리 뼈는 겉에서 만져 보아도 단단하고 속이 꽉 차 있는데 말이야.

공기 주머니

첫째 날개 깃털

둘째 날개 깃털

새는 뼈가 가벼워서 날기에 좋은 거야.
또 새의 허파에는 공기주머니가 이어져 있어.
**공기주머니**는 새가 숨 쉬는 걸 도와주면서, 새의 몸을 가볍게 해 주지. 무엇보다 새에게는 날개가 달려 있기 때문에 날 수 있는 거야.
하지만 펭귄하고 닭 같은 새들은 날개가 너무 작거나 몸이 무거워서 날지 못하는 거란다.

## 비누를 쓰면 왜 깨끗해져요?

밖에서 놀고 흙을 묻혀 들어왔을 때, 손에 **비누**를 묻혀 쓱싹쓱싹,
보글보글 **거품**을 내어 씻어 봐. 어때? 손발이 금세 깨끗해졌지?
옷에 때가 묻으면 역시 비누를 묻혀 북북 박박, 빨래를 할 수 있지.
어때? 옷이 금세 깨끗해지고, 좋은 냄새가 폴폴 날 거야.
비누는 이렇게 더러움을 끌어당겨서 때를 빼어 주는 힘센 친구야.
손수건을 펼쳐 놓고 그 위에 기름을 떨어뜨려 봐.
우아, 큰일 났다!
이렇게 손수건에 묻은 기름때를 물만으로 씻을 수 있을까?

기름이랑 물은 섞이지 않는단다.

그래서 아무리 물을 부어도 소용이 없지.

물에 기름을 떨어뜨려 보렴. 어때? 섞이지 않고 물 위에 동동 떠 있지.

하지만 걱정할 것 없어. 비누가 있으니까. 여기에 비눗물을 섞으면 기름방울이 부서지면서 퍼져 나가는 걸 볼 수 있을 거야.

이렇게 때를 녹여서 없애 주는 것이 바로 비누야.

비누는 더러운 때를 물속에서 아주 작게 나누어서 없애 준단다. 이렇게 때를 빼 주는 비누 속의 성분을 **계면 활성제**라고 하지.

합성 세제도 계면 활성제란다.

# 아이스크림에서 왜 김이 나나요?

막 물이 끓은 주전자는 절대로 만지면 안 돼. 물이 팔팔 끓어서 하얀 김이 모락모락 나는 게 보이지? 이런 주전자를 만졌다가는 손을 데고 말아.
어? 지금 냉장고에서 꺼낸 아이스크림에서도 **하얀 김**이 모락모락 나네. 그런데 아이스크림은 왜 뜨겁지 않은 걸까? 오히려 너무 차가워서 만지면 손이 시리지.
아이스크림은 팔팔 끓지도 않았는데 어째서 김이 나는 걸까?
우리 눈에는 보이지 않지만, 공기 속에는 항상 많은 물 알갱이가 움직이고 있어. 그것이 바로 **수증기**야.
그런데 공기의 기온이 낮아지면 수증기가 차가워지면서 서로 모여들어 뭉치기 시작한단다.
이렇게 뭉쳐서 우리 눈에 하얗게 보이는 것이 바로 안개란다.
냉장고에서 막 꺼낸 아이스크림에서 하얀 김이 피어오르는 것도 바로 이 안개와 다르지 않단다.

# 빵을 오래 놓아두면 왜 곰팡이가 생겨요?

빵을 제때 안 먹고 놓아두면 곰팡이가 생겨. 곰팡이는 공기 중에 항상 떠다니는 세균들이 음식물에 달라붙어, 우리 눈에 보이지 않는 **작은 미생물**들이 늘어나서 생기는 거란다.

이때 미생물이 늘어나면 우리 몸에 필요한 단백질이나 탄수화물 같은 물질이 나쁜 냄새가 나는 **독**으로 바뀌게 되는 거야.

곰팡이는 **습기**가 적당히 있고 적당히 **따뜻한 곳**에서 많이 생긴단다. 그래서 곰팡이가 생기지 않게 하려면 다 먹지 못한 음식은 **냉장고**에서 차게 보관해야 돼.

빵에는 곰팡이가 잘 생기지만, 꿀에는 잘 생기지 않아. 꿀은 아주 달고 진한 물질이라 곰팡이가 들어가서 살 수 없거든.
김치를 담글 때도 그래. 배추를 진한 소금에 절여 놓으면 곰팡이가 살지 못하고, 세균도 도망가 버리는 거야.
그런데 곰팡이가 항상 나쁜 것이냐고? 그렇지는 않아.
곰팡이가 있기 때문에 죽은 동물이나 배설물이 분해되어 자연으로 돌아가는 것이거든.
지구 위에 있는 물질은 곰팡이의 도움으로 끝없이 삶과 죽음을 되풀이하는 거란다.

## 어떻게 전화로 소리를 전해요?

종이컵으로 실 전화기를 만들어 보자. 종이컵 두 개에 실을 매어서, 멀리 있는 엄마의 목소리를 들어 봐.
"여보세요, 여보세요. 우리 예쁜 아가 나와라. 오버."
엄마 목소리가 바로 귓가에 대고 말하는 것처럼 들리지?
엄마 목소리는 실을 타고 너의 귀에 들어가는 거란다.
목소리가 실을 떨리게 하거든.

실이 떨리면서 **공기**를 흔들지. 공기가 흔들리면 종이컵 밑바닥이 덜덜 떨리고, 그것이 소리로 변해서 귓가를 간질이게 되는 거지.

이렇게 실 전화기에서는 목소리의 **떨림**이 실에 전해지지만, 우리가 쓰는 진짜 전화기에서는 목소리의 떨림이 **전기**로 바뀌어 전해진단다.

우리가 사는 곳에는 '전화국'이라는 곳이 있어서, 사람들의 전화를 서로 이어 주는 일을 하고 있지.

그래서 이모네 집 전화번호를 누르면, 전화국 안에 있는 **중계 교환기**라는 것을 지나간단다. 거기에서 내보내는 신호가 전화기를 울리는 거지. '따르릉! 따르릉!' 하고 말이야.

지금은 소리를 듣는 것뿐 아니라 화면으로 마주 보면서 전화를 할 수 있는 기계가 만들어지고 있단다.

## 바닷물은 왜 마실 수 없어요?

목이 마르다고 바닷물을 마시면 더 목이 마르게 된단다.
그 이유는 바닷물이 **짠물**이기 때문이야.
소금물을 아무리 마셔도 목은 계속 마르고, 나중에는 몸의 균형이 깨어져서 병에 걸릴 수도 있어. 우리 몸은 몸속에 있는 소금 성분의 농도를 항상 일정하게 맞추려고 노력한단다.
그런데 바닷물 속에는 **소금 성분**이 들어 있는데, 이 물을 마시면 몸에 소금이 갑자기 많이 들어와 버리지.
갑자기 늘어난 진한 소금 성분을 낮추기 위해서 우리 몸은 또 '목마르다, 물을 마시렴!' 하고 신호를 보낸단다.
그래서 바닷물로는 갈증이 사라지지 않는 거란다. 이때 몸에 물을 주기 위해 또 바닷물을 마셔 버리면, **목마름**은 계속되고 몸에는
소금 성분만 계속 쌓여서 결국 병에 걸리고 말지.

그럼 강물은 짜지 않은데 바닷물은 왜 짠 것일까? 바닷속에 있는 화산이 폭발하면, 수많은 돌들과 흙이 부서져서 짠맛을 내는 물질들이 만들어지는데, 이것들이 흩어져서 바다에 녹아 들어간 거란다. 또 바다는 항상 육지의 바위랑 맞닿아서 파도를 치잖아. 이때 **바위**가 조금씩 깎여 내려가면서 바위 속에 있던 소금을 비롯한 여러 가지 물질이 바다로 쓸려 내려가는 거란다.

## 깎아 놓은 사과는 왜 색깔이 변해요?

새콤달콤 맛있는 사과를 먹으려고 깎았는데, 이런!
한두 개 먹다가 배불러서 잠깐 놓아두었더니, 예쁜 속살이 금세 갈색으로 변해 버렸네.
껍질을 벗긴 사과를 먹지 않고 그대로 놓아두면 갈색으로 변하는 이유가 무얼까?
사과 속에는 **색깔을 변하게 하는 물질**이 들어 있단다.
이 물질은 혼자 있으면 괜찮지만, 공기 속에 들어 있는 **산소랑 만나면** 색깔이 바뀌지.
사과를 깎지 않으면, 반들반들한 사과 **껍질** 때문에 이 물질이 공기랑 만날 수가 없단다. 그러니까 껍질을 벗기기 전까지는 사과 색깔이 바뀌지 않지.
그럼 이미 깎아 버린 사과가 색깔이 변하지 않게 하려면 어떻게 해야 될까?
깎은 사과를 **소금물**에 담가 두면 색깔이 변하는 것을 막거나 조금 늦출 수가 있단다.
소금 속에 들어 있는 성분이 산소랑 사과가 만나는 것을 방해하기 때문이야.

그냥 물에 담가 놓아도 색깔이 빨리 변하는 것을 막을 수 있지.

그래도 과일 속에 있는 비타민이랑 여러 가지 좋은 영양분을 많이 얻으려면, 깎고 나서 바로 먹는 것이 가장 좋단다.

껍질을 벗긴 채 놓아두면 색깔이 변하는 또 다른 과일은 복숭아랑 감 같은 것들이 있지.

## 과일은 왜 차게 해서 먹어요?

더운 여름에 냉장고에서 금방 꺼낸 수박을 잘라 먹으면 맛있고 기분이 좋아지지. 그런데 더워서 땀이 줄줄 흐를 때 햇볕에 놓아둔 미지근한 수박을 먹는다고 생각해 보렴. 수박을 먹어도 먹은 것 같지 않고, 맛도 없을 거야. 그런데 더운 여름이나 추운 겨울이나 할 것 없이, 과일은 대체로 냉장고에서 차게 식혀 두었다가 먹는 게 더 맛있단다.

추운 겨울에는 따뜻한 과일이 맛있을 것도 같은데 왜 그럴까?

어째서 따뜻하게 놓아둔 과일은 별로 달착지근하지도 않고, 맛도 덜하게 느껴지는 걸까?

사과, 포도, 배 등 과일 속에는 단맛을 내는 **과당**이랑 **포도당**이란 것이 들어 있어.

그런데 이 물질들은 **차가운 온도**에서 더 맛이 살아나는 성질이 있단다.

그래서 과일은 되도록 냉장고에 넣은 뒤 먹는 거란다. 단맛을 내는 데에도 좋고, 과일을 좀 더 오래 보관할 수 있어서 좋고.

그런데 차게 한다고 냉동실에 넣어 먹는 것은 좋지 않아. 너무 차면 향기도 날아가고 혀의 감각이 없어지기 때문에 단맛을 느낄 수 없거든.

찬 과일이 맛이 좋을 거라고 해서 바나나 같은 과일을 냉장고에 넣으면 안 돼. 바나나는 열대 지방의 과일이기 때문에 그곳의 온도에 알맞게 자란 거야. 그래서 바나나를 냉장고에 넣어 두면 까맣게 변해 버리니까 조심해야 돼.

# 그림이 어떻게 살아 움직여요?

우리가 즐겨 보는 **텔레비전 만화**는 주인공들이 모두 살아 움직이지. 그림은 그저 멈추어 있을 뿐이지만, 이 주인공들이 살아 움직일 수 있도록 도와주는 힘이 어디 있는지 알아볼까?

그럼 먼저 빈 공책에 그림을 그려 보자.

멈추어 **서 있는 어린이**를 제일 첫 장 맨 위에 그려 봐.

그다음 장에는 좀 아래로 내려와서 **오른손**이랑 **왼발**을 내미는 어린이를 그려 보렴.

또 그다음 장에는 **왼손**이랑 **오른발**을 내미는 어린이를 그려 봐. 이런 식으로 한 장을 넘길 때마다 조금씩 어린이의 모습을 바꾸어 그려 보는 거야.

자, 다 됐니? 그러면 이제 공책을 처음부터 잡고 팔락팔락~ 빠르게 넘겨 봐.

어때? 그림이 점점 **움직이는** 것처럼 보이지? 이렇게 텔레비전 만화에 나오는 그림은 많은 움직임을 하나하나 여러 장 그려서 그 그림들을 빨리 넘겨 살아 움직이는 것처럼 보이게 하는 거란다.

하지만 실제로 이렇게 공책을 넘겨서 보여 주는 건 아니야.

사진 찍을 때 본 적 있지? **필름**이란 것에 그 많은 그림을 먼저 찍는 거야. 그런 뒤에 필름을 영사기라는 기계에 걸고 돌리면 그림의 주인공이 부드럽게 움직이는 걸 볼 수 있지.

휘리릭~

## 지우개는 어떻게 글씨를 지워요?

틀린 글씨를 쓱싹쓱싹 지워 주어서 얼마든지 다시 고쳐 쓸 수 있게 해 주는 **지우개**는 참 신기하고도 편리한 물건이지. 그런데 지우개는 어떻게 틀린 글씨를 지울 수 있는 걸까? 그걸 알기 위해서는 먼저 종이 위에 볼펜이 아닌 연필로 글씨를 써 봐.

연필 글씨를 돋보기나 현미경 같은 것으로 크게 확대해서 보면, 울퉁불퉁한 종이의 결 위에 아주 작고 고운 연필심 가루가 까맣게 붙어 있는 것을 볼 수 있단다.

우리가 쓰는 글씨는 이 **작은 가루**가 모인 거야.
지우개로 종이를 문지르면 이 연필 가루가 종이에서 **떨어지지**.
그래서 지우개 가루 속에는 까맣게 연필 가루가 섞여 나온단다.
하지만 볼펜은 종이 겉에 가루를 올려놓은 것이 아니라 종이 속까지 잉크가 스며들게 한 것이기 때문에, 지우개로 지워도 잘 지워지지 않는 거란다.

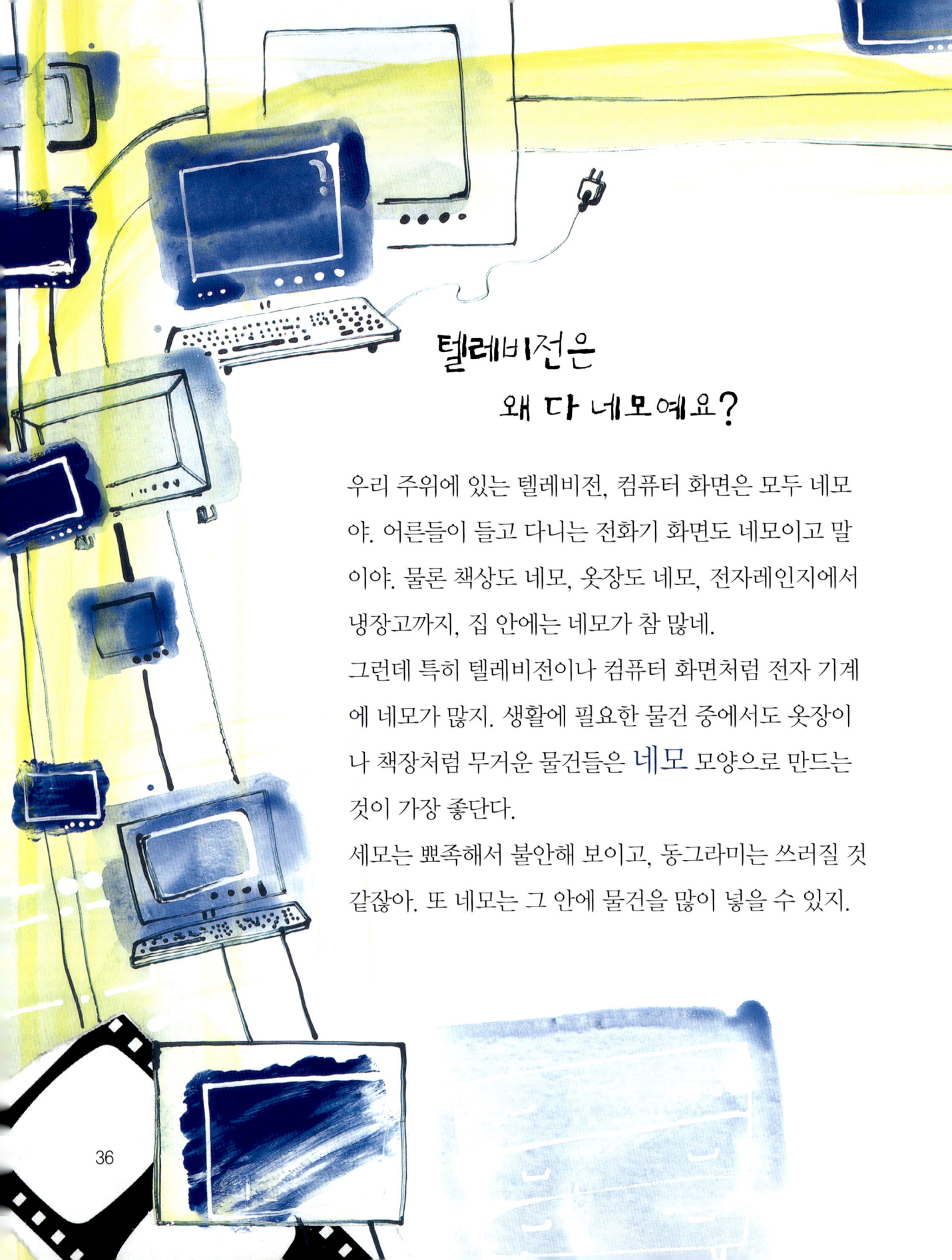

# 텔레비전은 왜 다 네모예요?

우리 주위에 있는 텔레비전, 컴퓨터 화면은 모두 네모야. 어른들이 들고 다니는 전화기 화면도 네모이고 말이야. 물론 책상도 네모, 옷장도 네모, 전자레인지에서 냉장고까지, 집 안에는 네모가 참 많네.

그런데 특히 텔레비전이나 컴퓨터 화면처럼 전자 기계에 네모가 많지. 생활에 필요한 물건 중에서도 옷장이나 책장처럼 무거운 물건들은 네모 모양으로 만드는 것이 가장 좋단다.

세모는 뾰족해서 불안해 보이고, 동그라미는 쓰러질 것 같잖아. 또 네모는 그 안에 물건을 많이 넣을 수 있지.

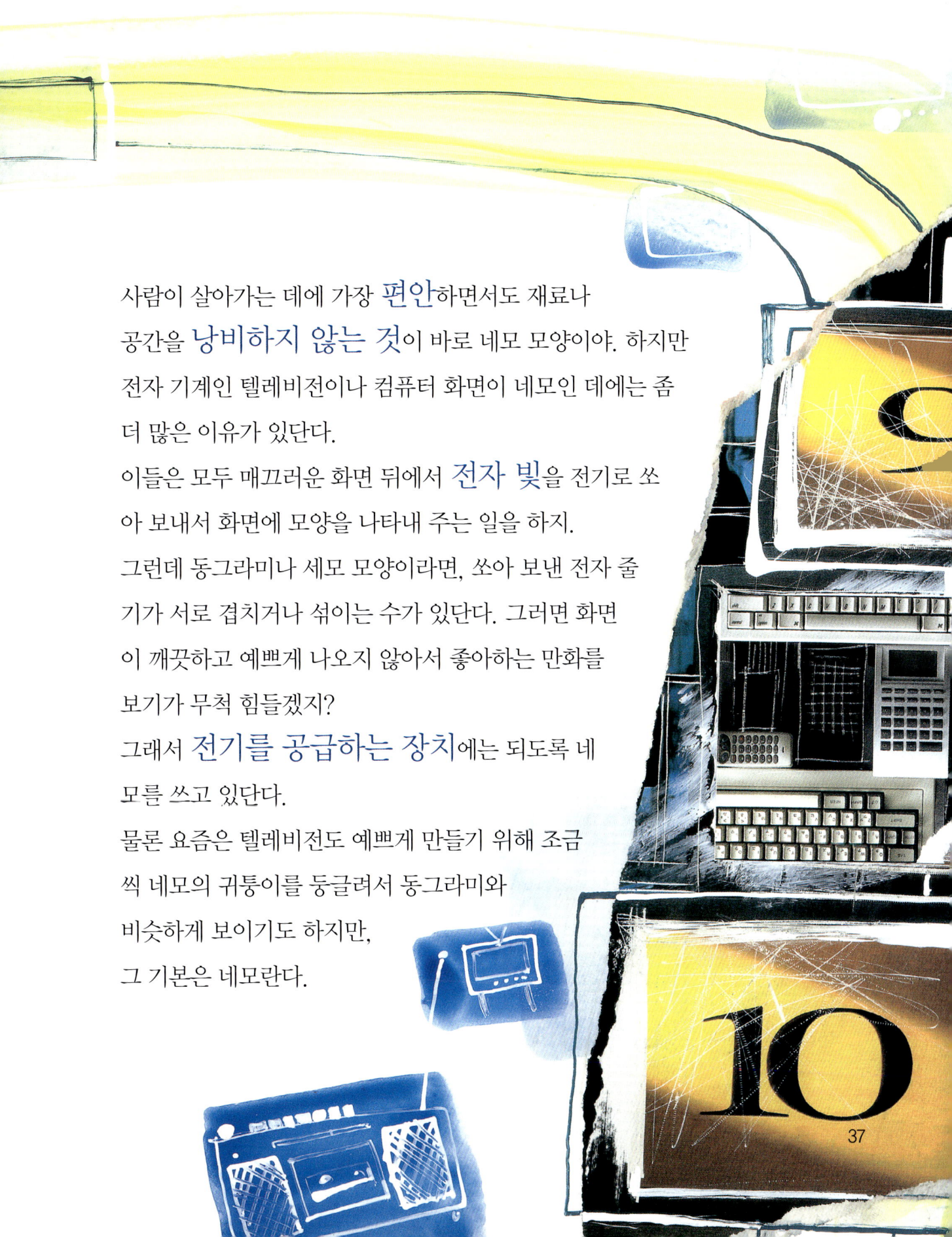

사람이 살아가는 데에 가장 편안하면서도 재료나 공간을 낭비하지 않는 것이 바로 네모 모양이야. 하지만 전자 기계인 텔레비전이나 컴퓨터 화면이 네모인 데에는 좀 더 많은 이유가 있단다.

이들은 모두 매끄러운 화면 뒤에서 전자 빛을 전기로 쏘아 보내서 화면에 모양을 나타내 주는 일을 하지.

그런데 동그라미나 세모 모양이라면, 쏘아 보낸 전자 줄기가 서로 겹치거나 섞이는 수가 있단다. 그러면 화면이 깨끗하고 예쁘게 나오지 않아서 좋아하는 만화를 보기가 무척 힘들겠지?

그래서 전기를 공급하는 장치에는 되도록 네모를 쓰고 있단다.

물론 요즘은 텔레비전도 예쁘게 만들기 위해 조금씩 네모의 귀퉁이를 둥글려서 동그라미와 비슷하게 보이기도 하지만, 그 기본은 네모란다.

## 자동차 바퀴는 왜 다 검은색이에요?

신 나게 놀이공원에 가는 날, 거리를 쌩쌩 달리는 차들은 모두 바퀴가 까만색이네. 차들은 빨강·하양·초록·노랑으로 색깔도 참 다양한데, 어째서 **바퀴**만은 한 가지 색깔인 걸까?

바퀴까지 다른 색으로 굳이 예쁘게 꾸밀 필요가 없기 때문일까?

아니면 하얀 바퀴를 달아도 달리다 보면 어차피 더러워져서 검은색이 되기 때문일까?

자동차는 사람에게 중요한 교통수단이기 때문에, 무엇보다도 안전하게 만드는 것이 제일이란다.

자동차는 똑바로 앞만 보고 가는 것이 아니라 길을 잘못 들거나 주차를 하려 할 때는 뒤로도 가야 하고, 경사가 진 산길도 올라가야 하고, 왼쪽이나 오른쪽 여러 갈래 길로 돌아가야 하고, 무척 바쁘게 많은 일을 한단다. 그러니까 땅에 직접 닿는 바퀴는 튼튼하고 열에도 오래 견뎌야 하지.

자동차 바퀴는 고무로 만들어졌지만, 흔히 우리가 쓰는 고무줄 같은 것과는 달라. 고무에다가 여러 가지 튼튼하게 해 주는 물질을 섞어서 만들지. 무거운 자동차의 무게를 견디고 바퀴도 빨리 닳지 않게 해 주는 물질을 섞는데, 이 물질이 바로 검은빛을 띠고 있단다.

그것은 자동차 바퀴의 전체 색깔을 검은색으로 뒤덮어 버릴 정도로 진한 색깔이지. 그래서 자동차 바퀴의 검은색은 곧 바퀴가 강하고 튼튼하다는 것을 말해 준단다.

사람들의 호기심과 흥미가 다양해지면서 알록달록 여러 가지 색깔을 띤 바퀴도 나오고 있지만, 널리 쓰이고 있지는 않아.

## 시곗바늘은 왜 오른쪽으로만 가요?

우리가 수영장에서 수영을 할 때, 얼음판 위에서 스케이트를 탈 때 많이 놀러 온 사람들이 서로 부딪히지 않기 위해서 헤엄치거나 달리는 방향을 오른쪽에서 왼쪽으로 정해 놓곤 하지. 그런데 어째서 시곗바늘만은 **왼쪽**에서 **오른쪽**으로 돌게 만들어진 것일까?

사실 시계는 아주 오랜 옛날부터 사람들이 만들어 쓴 것이기 때문에, 어째서 그렇게 만들었는지 확실히 알 수는 없단다.

하지만 과학적으로 가장 널리 알려진 이야기는 바로, **해시계**에서 출발한단다. 요즘은 흔히 보기 힘들지만, 해시계는 땅에 막대를 수직으로 세워 놓고 **막대 그림자**가 움직이는 방향에 따라 시간을 알 수 있게 되어 있지. 이 해시계의 그림자가 움직인 방향을 따라 바로 오늘날의 기계 시계들도 그 방향에 맞추어 움직이게 되었단다.

요즘은 일 분 일 초도 틀리지 않는다는 전자시계가 많이 발달되었기 때문에 숫자로만 시간을 익혀서, 어린이들이 시곗바늘을 볼 수 있는 기회가 점점 줄어들고 있지.

## 왜 꿈을 꾸나요?

깨어 있을 때는 절대로 일어날 수 없는 일들을 우리는 종종 꿈속에서 보게 되지.

어깨에 날개를 달고 하늘로 두둥실 떠올라 어디든 자유롭게 날 수도 있고, 바다 위를 걷기도 하고 구름을 타기도 하고……. 어떨 때는 높은 데서 떨어지거나 무서운 귀신이 쫓아오기도 하지.

잠은 두 가지 종류가 있단다. 우리 몸속의 **뇌가 잠을 자고 있는** 경우와, 몸은 자고 있지만 **뇌가 깨어 있는** 경우지.

꿈은 그중에서 뇌가 깨어 있는 잠을 잘 때 꾼단다.
어젯밤에는 꿈을 꾸지 않았다고? 사실 그건 꿈을 꾸지 않은 게 아니라 기억을 못 할 뿐이란다.
잠에서 깨어나고 바로 얼마 동안은 꿈을 기억할 수 있지만, 그 꿈을 적어 두거나 이야기를 하지 않은 채 시간이 지나면 잊어버리게 되지.
꿈은 간절하게 바라지만 실제로 일어나지 않은 일에 대해 만족을 느끼게 해 주고, 옛날 기억을 떠올리게 해 주기도 한단다. 때로는 창조적인 일을 하는 데에 도움도 되고 말이야.

## 눈물은 왜 나요?

눈물은 슬플 때만 나오는 것이 아니란다. 너무나 기쁠 때, 화가 날 때, 몸이 아플 때, 하품을 할 때 나오기도 하지. 엄마가 도마 위에서 양파를 자를 때도 따끔거리면서 눈물이 흐르기도 하는걸. 우리 눈꺼풀 속을 자세히 들여다보면 작은 눈물샘이라는 게 있단다. 눈물은 거기에서 만들어지는 것이지.

눈물은 눈동자를 지켜 주려고 샘솟는 거란다. 그래서 연기나 먼지 또는 세균이 눈에 들어와서 아프게 하려고 하면 눈물샘에서 물을 만들어 눈동자를 계속 적셔 준단다.

사람이 저절로 흘리는 눈물의 양은 일 년 동안 유리컵 한 잔 정도라고 해. 기쁠 때나 슬플 때처럼 마음이 크게 움직이는 순간에는, 우리 몸속의 뇌가 명령을 내려서 그 명령이 눈물샘으로 가 닿는단다.

그러면 양파를 자를 때는 왜 눈물이 날까?

그것은 양파에 들어 있는 매운 물질이 공중으로 솟아올라서 직접 눈동자 겉을 괴롭히기 때문에 저절로 눈물이 나오는 거야.

그러면 하품을 할 때는 왜 눈물이 나올까?
원래 눈물샘 안에는 항상 물이 고여 있거든. 그런데 하품을 하면 얼굴 모양이 크게 변하잖니. 이때 얼굴 속에 있는 근육이 눈물샘을 누르는 바람에 밖으로 나오는 거야.
이렇게 눈물에도 여러 가지 종류가 있단다.

# 목욕탕에서는 왜 손가락이 쪼글쪼글해져요?

치카치카, 푸아푸아, 보글보글.

깨끗이 양치질하고 세수하고 보드라운 비누 거품을 내고, 따뜻한 물속에 들어가 목욕하니까 정말 기분 좋지?

어, 그런데 손바닥을 가만히 들여다보니 어느새 쪼글쪼글 **할머니 손**이 되었네. 이게 도대체 어떻게 된 일일까?

걱정할 것 없어. 목욕하고 나서 한숨 푹 자고 일어나면 금세 아무렇지도 않을 테니까.

피부가 하는 일은 공기 중에 떠다니는 **세균**이나 **먼지**가 몸속에 바로 들어가지 않도록 막아 주는 거야.

피부에서도 가장 **겉에 있는 껍질**이 있지. 목욕탕 속에 들어가서 오랫동안 앉아 있으면, 이 껍질이 물을 먹고 아이 배불러! 하고 뚱뚱해진단다. 이렇게 불어난 껍질이 잠깐 동안 **쪼글쪼글**해지는 거야. 목욕을 다 마친 뒤 물기를 깨끗이 닦아 내 보렴. 수건으로 물을 닦고 말리는 거야. 그런 다음 조금만 시간이 흐르면 껍질 속에 들어가 있던 물도 말라 날아가 버려. 그래서 금세 원래의 피부로 돌아오는 거야.

## 추우면 왜 몸에 닭살이 돋아요?

추운 날 옷을 얇게 입고 밖에서 뛰어놀면 몸이 부르르 떨리지. 그러면서 문득 어깨부터 팔까지 몸에 오톨도톨 닭살이 돋아 있는 걸 볼 수 있을 거야. 이 닭살을 소름이라고 하는데, 그러면 왜 소름이 돋는 걸까?

추운 곳에 갑자기 나가면 몸속의 열을 바깥 찬 공기에 빼앗긴단다. 그래서 우리 몸은 열을 갑자기 빼앗기는 것을 막고 체온을 적당하게 유지하려고 일하기 시작하지. 이때 나타나는 것이 소름이란다.

날씨가 춥거나 너무너무 무서운 영화를 보면 우리 뇌 속에 들어 있는 신경이 명령을 내리지. '너무 추워요! 온몸의 털을 곤두세워서 피부에 닿는 공기를 따뜻하게 해 주세요!' 하고 말이야.

이렇게 몸의 솜털들이 일어나서 그 털들 사이로 살갗의 곳곳에 닭살이 나타난단다. 그래서 무서우면 머리카락이 곤두선다고도 하는 거야. 한번 돋은 소름은 다시 따뜻해지거나 일정한 시간이 흐르면 없어지게 마련이란

다. 하지만 태어날 때부터 닭살 피부를 갖고 있는 사람들도 있지. 닭살 때문에 여름에 짧은 옷이랑 수영복을 입기 싫어하는 사람들도 있어.
그래도 피부에 돋은 닭살은 병이 아니고, 나이가 들면 저절로 없어지기도 하니까 걱정하지 않아도 돼.

## 잠잘 때 왜 코를 골아요?

사람 중에는 밤에 잘 때마다 코를 고는 사람이 있어.

밤마다 드르렁드르렁, 코를 고는 것은 다른 사람을 깨우게 되니까 좋지 않아. 하지만 그보다도 몸이 건강하지 않다는 신호일 수 있으니까 조심해야 된단다.

코를 고는 것은 밤에 잘 때 자세가 나쁘다거나 우리의 목 안쪽에 있는 근육이 뒤로 처져서 생기는 일이야.

그리고 감기에 걸려 편도샘이 부었을 때도 코를 고는 수가 있지.

그런데 코를 골면서 자면, 잠을 아무리 많이 자도 그다음 날 머리가 맑지 못하고 정신이 몽롱하면서 생활하기가 힘들단다. 그러니까 피곤하기 때문에 코를 곤다기보다는, 코를 골기 때문에 피곤한 셈이 되는 거지.
그런데 몸속의 구조가 특이하기 때문에 저절로 코를 골게 되는 사람도 있단다. 목 안쪽 근육이 저절로 커져 있거나 처져 있어서 이것이 목구멍을 막아 코를 고는 일도 생기지.
계속 이렇게 되풀이되면 잠을 자다가 숨을 제대로 쉬지 못해서 위험해질 수 있어. 그래서 요즘은 코골이를 병으로 보고 치료해야 한다는 의사들의 주장도 많이 나오고 있단다.

## 모기에 물리면 왜 가려워요?

무더운 여름날, 더위 때문에 짜증이 나고 지치는데 모기까지 귓가에서 앵앵거리면 얼마나 불편한지 몰라.
모기장도 쳐 보고 모기향도 피워 보지만, 어디서 들어오는지 어느새 모기한테 물려서 가려움을 참지 못해 벅벅 긁지.
그런데 모기에 물리면 왜 가려운 것일까?
모기는 사람이나 동물의 피부에 침을 찔러서 피를 빨아 먹고, 그러는 동안 원래 자기 몸속에 있던 물질을 뱉어 낸단다. 그 물질이 사람의 핏속으로 들어가면, 우리 몸에서는 명령을 내리지.

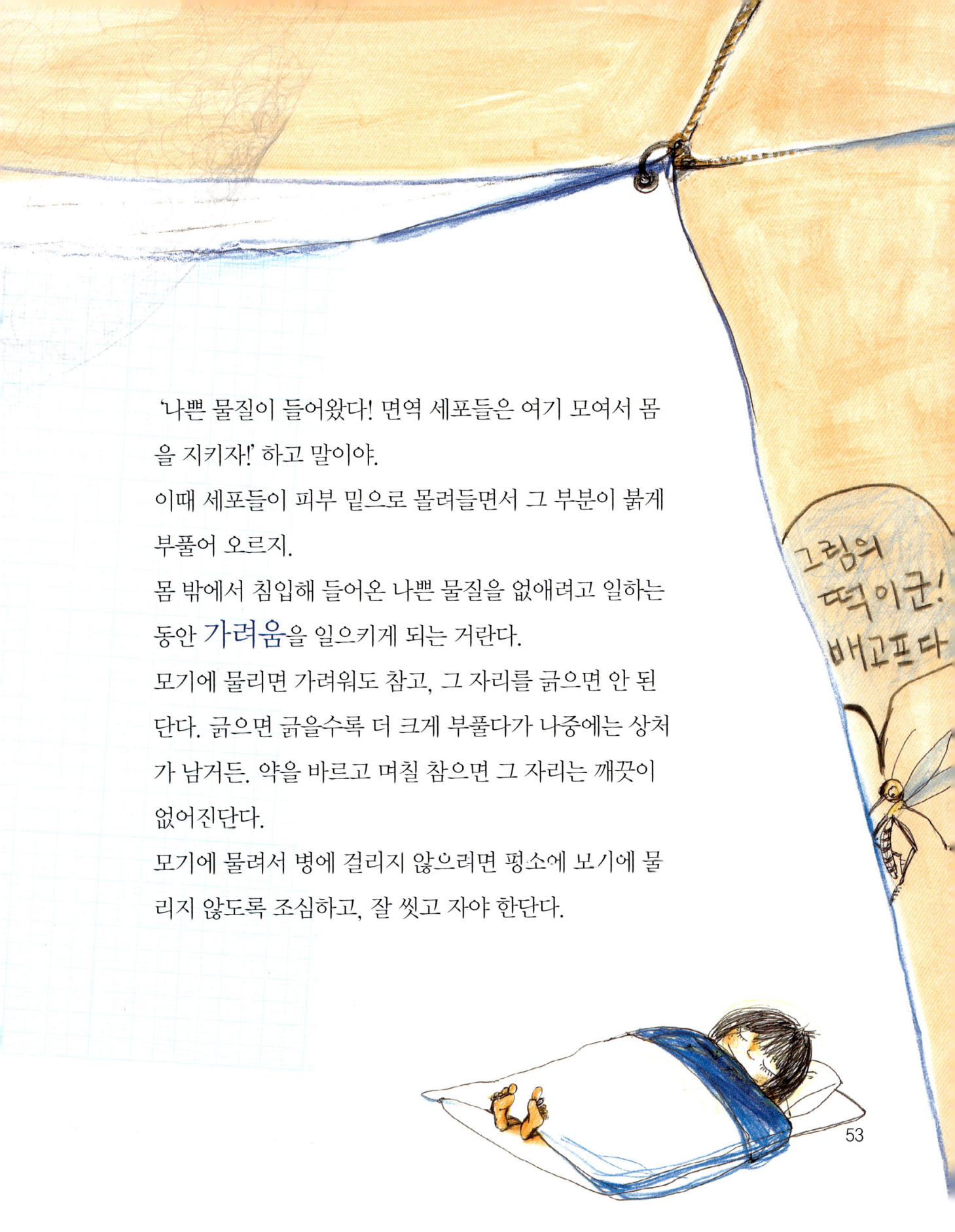

'나쁜 물질이 들어왔다! 면역 세포들은 여기 모여서 몸을 지키자!' 하고 말이야.

이때 세포들이 피부 밑으로 몰려들면서 그 부분이 붉게 부풀어 오르지.

몸 밖에서 침입해 들어온 나쁜 물질을 없애려고 일하는 동안 **가려움**을 일으키게 되는 거란다.

모기에 물리면 가려워도 참고, 그 자리를 긁으면 안 된단다. 긁으면 긁을수록 더 크게 부풀다가 나중에는 상처가 남거든. 약을 바르고 며칠 참으면 그 자리는 깨끗이 없어진단다.

모기에 물려서 병에 걸리지 않으려면 평소에 모기에 물리지 않도록 조심하고, 잘 씻고 자야 한단다.

# 날씨가 추우면 왜 오줌이 마려워요?

사람은 음식을 먹고 공부하고 뛰어노는 동안 몸속에 많은 나쁜 **찌꺼기** 들이 쌓이게 된단다. 이 찌꺼기 가운데 음식물 찌꺼기는 똥으로 내보내고, 물로 된 것은 **오줌**이나 **땀**으로 내보내지.

그런데 이상한 것은, 여름에는 별로 그렇지 않은데 겨울만 되면 오줌이 더 자주 마렵고 화장실을 자주 찾게 된다는 거야. 물을 더 많이 먹는 것도 아닌데 왜 그럴까?

어른이 하루에 흘리는 땀의 양은, 눈에는 잘 보이지 않아도 실제로는 커다란 음료수 병을 꽉 채울 만큼의 양이란다. 만약에 뜨거운 햇볕 아래 더 오랫동안 뛰어놀면 그만큼 더 많은 땀을 밖으로 내보내서 체온도 조절하고 나쁜 찌꺼기도 내보내야 돼. 그런데 겨울에는 추우니까 땀을 적게 흘리잖니. 그러면 땀으로 내보내지 못한 그 많은 찌꺼기들을 내보내느라고 오줌이 자주 마려워지는 거야.

'땀을 너무 적게 흘려서 몸속에 나쁜 물질이 쌓이고 있어요.
어서 오줌으로 내보내세요.' 하고 머릿속에서 몸에 신호를 보내는 거란다.
오줌을 너무 오래 참으면 얼굴색도 나빠지고 병에 걸리기 쉬우니까, 어디 먼 데 놀러 갈 때는 화장실을 미리 가 두어야 한단다.

# 사람은 왜 잠을 자나요?

어두운 밤에는 왜 항상 잠자리에 들어야 하는 걸까? 사람이 계속 깨어 있으면 친구들과 좀 더 뛰어놀고, 책도 좀 더 많이 읽을 수 있을 텐데 말이야.

사람의 몸속에는 너무나 복잡하고 많은 기관이 들어 있단다. 그런데 쉬지 않고 계속 쓰면 금세 망가져 버리고 말지.

즐겁게 놀고 싶어도 더 이상 놀 수 없고 기분이 나빠지는 이런 상태를 피로라고 한단다. 피로를 풀어 주고 몸이 계속 움직일 수 있으려면 사람은 꼭 쉬어야 하지. 쉬는 데에 가장 좋은 방법이 바로 잠을 자는 거란다. 밤에 잠자는 동안에는 낮 동안 움직였던 모든 신체 기관들이 제자리로 돌아가거든. 잠을 자는 것은 특히 머릿속 뇌를 쉬게 하는 중요한 일이란다. 또한 섭취한 영양분을 낭비하지 않고 쌓아 주는 일도 하지. 몸속의 피가 막히지 않고 골고루 돌아다니게 해 주는 일도 하고 말이야.

특히 어린 시절에 자는 잠은 키가 쑥쑥 크는 데에도 도움이 된단다.

## 왜 감기에 걸려요?

에취! 콜록콜록! 콧물에 재채기에 기침. 게다가 열까지 나고 입맛도 없어지는 감기는 세상에서 가장 흔하면서도 가장 무서운 병 가운데 하나란다.

그러면 누가 이런 감기에 걸리게 해서 우리를 괴롭히는 걸까?

그건 바로 **감기 바이러스** 때문이란다. 바이러스는 살아 있는 동물이나 식물에 달라붙어서 살아가는 아주 작은 물질이야.

공중에 떠다닐 때에는 잘 보이지도 않고 잘 알 수 없지만, 동물의 몸속에 들어오면 세포 안에서 불어나고 크게 자란다는 특징이 있지. 그중에서도 감기 바이러스는 사람의 몸에서 공기가 통하는 길목을 특히 좋아해. 그래서 **콧구멍**과 **입**을 통해 한번 들어갔다 하면 코와 목에 딱 달라붙어서 아픈 느낌을 일으킨단다.

따뜻한 방에 있다가 갑자기 찬 바람 부는 밖에 옷을 얇게 입고 나가면, 우리 몸의 저항력이 떨어져 바이러스가 얼른 몸속으로 들어온단다. 우리 몸은 추위에 둔해지고 약해지지만, 바이러스는 추위에 강하거든. 그리고 바이러스는 깨끗하지 않은 곳에 더 잘 들어오지. 그래서 밖에 나갔다 오면 항상 손발을 깨끗이 씻고 양치질을 해서 바이러스가 들어올 틈을 주지 말아야 한단다. 그리고 몸이 약해지지 않도록 깊은 잠을 푹 자서 피로를 그때그때 풀어 주는 것이 좋지.
감기는 누구나 잘 걸리는 흔한 병이지만, 그렇다고 가볍게 보고 그대로 놔둔 채 쉬지 않으면 심해질 수도 있단다.

# 피는 왜 빨간색이에요?

갑자기 부끄러워지거나 놀랄 때,
또는 달리기를 한 다음에 거울을 보렴.

사람마다 조금씩 다르긴 하지만, 아마 사과처럼 **빨갛게 된 얼굴**을 볼 수 있을 거야. 이렇게 얼굴을 빨갛게 물들이는 것은 바로 우리 몸속 구석구석을 활기차게 돌아다니며 움직이는 **피**란다. 피가 빨간색이라 무섭다고?

맞아, 몸이 다쳤을 때 나오는 것을 보았을 테니까 빨간 피를 떠올리면 우선 무서워질 수도 있을 거야.

하지만 피가 빨간색인 건 당연한 일이고, 오히려 선명한 빨강일수록 **건강**하다는 뜻이란다.

핏속에는 여러 가지 성질을 가진 물질들이 들어 있는데, 그중에는 피를 빨갛게 보이게 하는 성분도 있단다. 이것을 **헤모글로빈**이라고 하지. 몸속에 이것이 많이 부족하면 피가 건강하고 신선한 산소를 몸속 여기저기에 잘 보낼 수가 없단다. 그래서 병에 걸리기가 쉬워지지. 가끔 가만히 있는데도 얼굴이 노랗거나 하얗게 되고, 푸른빛을 띠고 있는 사람도 있지. 몸이 건강하지 못해서 그런 거란다.

## 왜 빙빙 돌면 눈앞이 어지러워요?

놀이 기구를 타고 빙글빙글 돌다가, 놀이 기구가 멈춘 뒤 내려오면 눈앞이 도는 것처럼 어질어질해서 앞으로 똑바로 걸어갈 수가 없지.
물론 아주 잠깐 동안 그럴 뿐 가만히 서 있거나 앉아서 쉬면 금방 다시 괜찮아지지.
우리의 귀 속에는 사람이 움직일 때 똑바로 움직이고 쓰러지지 말라고 신호를 보내 주는 기관이 들어 있단다.
눈에는 보이지 않는 이 기관의 이름은 세반고리관이라고 해. 이 관 안에는 우리 몸이 제대로 움직이도록 도와주는 액체가 들어 있단다.

그래서 코끼리 코를 쥐는 모양을 하고 허리를 숙인 채 빙글빙글 돌면, 이 액체가 몸이 도는 것과는 반대 방향으로 움직인단다.
이렇게 액체가 움직이면서 관 속에 들어 있는 털이 우리 뇌에 신호를 보내지.
'조심하세요! 빙글빙글 돌아가고 있어요!' 하고 말이야.

몇 바퀴를 돌다가 갑자기 그 자리에 멈추어 버리면, 한참 신 나게 움직이던 액체들이 서로 우당탕퉁탕 부딪힌단다. 그리고 다시 제자리로 돌아가려고 애쓰지. 그러는 동안 머리가 어지러워지는 것이란다.

## 흰머리는 왜 나나요?

황인종, 백인종, 흑인종……. 사람마다 피부 색깔이 다른 것처럼 머리카락 색깔도 서로 다르지. 노랑머리, 까만 머리, 하얀 머리, 빨간 머리……. 머리카락의 색깔을 결정하는 것은 머리카락 속에 들어 있는 **멜라닌**이라는 색소란다. 이 물질이 많으면 머리카락이 우리처럼 까매지고, 적으면 적을수록 갈색으로 옅어지지. 그런데 신기한 것은, 사람마다 정도의 차이는 있지만 나이를 먹을수록 **하얀 머리**가 많아진다는 거야.

머리카락이 하얘지는 이유는 우리 몸에서 머리카락에 색깔을 주는 호르몬의 기능이 나빠지기 때문이란다. 그래서 나이가 들면 몸의 기능이 떨어져 자연스럽게 머리 색이 희어지는 거야.

하지만 할아버지나 할머니가 아닌데도 머리카락이 하얗게 되는 이유는 뭘까?

그것은 엄마나 아빠로부터 물려받은 유전자 때문이기도 하지만, 사람의 몸이 견디기 어려운 힘든 일이 갑자기 생겼을 때, 영양분을 골고루 얻지 못했을 때, 또 몸이 갑자기 안 좋아지면 머리카락 색깔이 먼저 바뀌는 거란다.

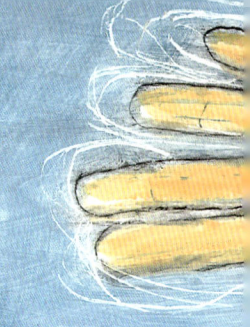

## 왜 물을 마셔야 해요?

손발을 자세히 들여다보렴. 우리 몸은 피부와 털로 되어 있고, 그 밑에 근육도 있고 뼈도 있지. 그런데 놀랍게도 우리 몸을 가장 많이 이루고 있는 성분은 바로 물이란다.

사람이 물을 마시지 않고 오랫동안 있으면 처음에는 목마르다고 느끼다가, 나중에는 큰 병이 들거나 살 수 없을 정도가 되지.

식물에게도 물이 꼭 필요해. 하지만 동물에게도 물이 가장 중요하단다. 물을 충분히 마시면 우리 몸속에 들어 있는 나쁜 물질이 소변으로 나가고, 일부는 땀으로 나가면서 체온이 너무 높아지는 것을 막아 준단다. 또 음식을 너무 많이 먹어 뚱뚱해지는 것을 막아 주기도 하지. 몸속 물질의 흐름을 도와주어서 깨끗한 얼굴을 만들어 주기도 해.

그런데 물 대신 콜라 같은 탄산음료를 먹는 것은 좋지 않아. 똑같이 물로 되어 있는데 괜찮지 않냐고?

탄산음료는 거의 다 설탕으로 되어 있기 때문에 많이 마셔도 조금 있으면 다시 목이 마르게 되고, 이도 썩는 등 나쁜 영향을 많이 미치거든.

물은 적어도 하루에 5컵 이상을 마셔야 하는데, 물을 조금밖에 안 마시면 여러 가지 병의 원인이 될 수 있기 때문이란다.

아침에 일어나자마자 물을 마시는 습관을 들이면, **창자의 운동**이 좋아져서 똥도 잘 누게 되고 건강해진다는 걸 잊지 말아야 해.

## 햇볕을 쬐면 왜 얼굴이 검게 타요?

뜨거운 여름날 해수욕장에서 신 나게 헤엄을 치거나, 밖에서 운동하면 어느새 우리 얼굴이랑 팔다리가 햇볕에 타서 갈색으로 변해 있는 걸 볼 수 있지. 너무 많이 타면 그 자리가 껍질이 벗겨져서 아프기도 해.

그런데 햇볕을 많이 받으면 왜 피부가 타는 것일까?

말 그대로 햇볕이 너무 뜨거워서 불에 그을린 것처럼 타는 것일까? 실제로 피부가 너무 많이 타면 그 자리가 화상을 입은 것처럼 따끔거려.

하지만 원래 피부가 타는 것은, 햇볕 가운데 우리 몸에 나쁜 **자외선**이라는 빛이 직접 들어오지 않게 도와주는 일을 하는 거야.

우리 피부 속에 있는 **멜라닌** 색소는 이 자외선을 받고 나서 태양빛을 막아 피부를 지켜 주는 일을 해.

햇볕 아래에 있으면 그 색소가 계속 많이 만들어지거든. 그러다 시간이 흐르면 그 색깔이 피부 밖으로 나타난단다.

하지만 피부 바깥쪽의 껍질은 계속 떨어져 나가고 새로 생기니까, 시간이 지나면 원래 색깔로 되돌아오지.
하지만 늘 밖에서 운동을 열심히 하는 사람은 탄 피부가 원래 색깔로 돌아올 틈도 없을 거야.
머리카락 색깔이 멜라닌 색소에 따라 정해지는 것처럼, 사람의 피부 색깔도 멜라닌 색소에 따라 정해진단다.
그래서 세상에는 백인종과 황인종, 흑인종이 있는 거야.

## 귀지랑 코딱지는 왜 생겨요?

귀와 콧구멍에 손가락을 함부로 넣고 후비면 안 돼. 귀에 귀지가 너무 많이 쌓이면 좋지 않지만, 귀지도 우리 몸에 필요해서 생기는 거란다. 코에 코딱지가 너무 많아도 숨 쉬기 힘들겠지만, 코딱지 역시 우리 몸에 좋은 일을 하느라고 생겨나는 것이거든.

특히 코딱지 같은 것은 세수하면서 살살 풀어 내야지, 그냥 손가락으로 후비면 피가 나올 수도 있으니까 조심해야 돼.

귀에는 독특한 땀샘이 있어서, 밖에서 세균이나 먼지가 들어오면 끈끈한 물을 내보내서 그것을 녹여 버린단다. 귀지가 쌓인 것은 바로 우리의 귀가 밖의 먼지와 열심히 싸워 이겼다는 뜻이야. 때로는 밖에서 작은 곤충이 들어오면 이 귀지를 먹고 죽기도 하지. 그래서 귀지를 파는 것이 필요하기도 하지만, 너무 깨끗이 팔 필요는 없단다.

코 역시 마찬가지야. 우리의 코에서는 계속 물기를 내보낸다.

이것은 보통 때에는 밖으로 그다지 흘러내리지 않아. 다만 감기가 걸렸을 때에는 이 물기가 세균과 싸우느라고 콧물이 밖으로 많이 쏟아지는 것이지. 콧물 역시 바깥의 세균이 들어오는 것을 깨끗하게 청소해 주고 병을 막아 주는 역할을 해.

그것이 굳어져서 만들어진 것이 코딱지란다.

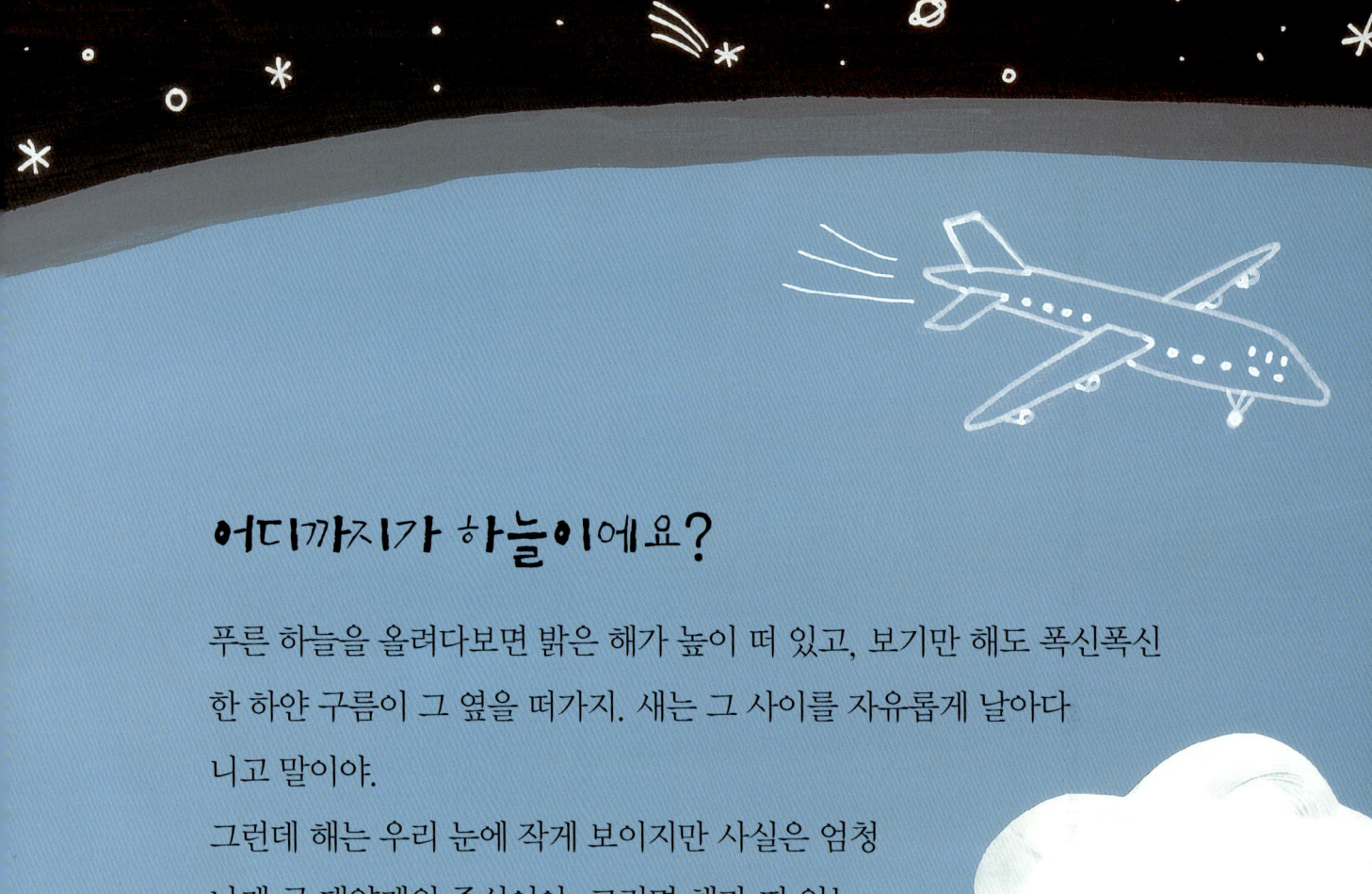

## 어디까지가 하늘이에요?

푸른 하늘을 올려다보면 밝은 해가 높이 떠 있고, 보기만 해도 폭신폭신한 하얀 구름이 그 옆을 떠가지. 새는 그 사이를 자유롭게 날아다니고 말이야.

그런데 해는 우리 눈에 작게 보이지만 사실은 엄청나게 큰 태양계의 중심이야. 그러면 해가 떠 있는 곳은 하늘이기도 하고 우주가 되기도 하는 걸까?

하늘은 너무 높아서 어디까지가 꼭 하늘이라고 말할 수 없단다.
하늘을 나는 비행기. 하늘을 나는 새. 모두 하늘이라고 할 수 있지만, 얼마나 높은 곳까지를 하늘이라고 하는지 아무도 확실히 말할 수 없어.
우리가 사는 지구는 아주 두꺼운 공기의 막으로 둘러싸여 있단다.
우리가 보는 하늘이란 이 공기 덮개까지라고 생각하면 되지.
높이높이 날아간 제트기가 땅 위에서 100킬로미터까지 가 닿으면 주위는 점차 어두워져. 더 높이 200킬로미터까지 올라가면 완전히 깜깜해지고 공기는 아주 조금밖에 남지 않아.
어디까지가 하늘, 어디까지가 우주라고 가를 수는 없지만, 이 높이 사이를 하늘과 우주가 만나는 곳이라고 보면 된단다.

## 개는 왜 혀를 내밀고 있어요?

개가 뛰어다니다가 갑자기 멈추거나, 날씨가 아주 더운 날에 곧잘 혀를 내밀고 있는 것을 볼 수 있지.

사람도 아주 급하게 먼 길을 뛰어가면 숨이 차서 헉헉 가쁜 숨을 몰아쉬기도 하지만, 아무리 덥다고 해도 우리는 그렇게 혀를 내밀지는 않아.

그건 더울 때 사람의 살갗 밖으로 땀이 나오기 때문이야. 가까이에서 우리의 팔다리를 자세히 들여다보면, 아주 작아서 거의 눈에 띄지 않는 구멍들이 촘촘히 나 있는 것을 볼 수 있단다.

피부에 나 있는 수많은 구멍은 사람의 몸에서 갑자기 많은 열이 생길 때 그것을 땀으로 바꾸어 내보내는 통로가 된단다. 또한 몸속에 쌓인 나쁜 물질들을 내보내는 일도 하지.

살갗에 나 있는 이런 땀구멍 밑 깊은 곳에는 땀샘이라는 곳이 있는데, 여기서 땀을 만든단다.

땀샘은 땀을 내보내서 몸이 너무 뜨거워지지 않게 조절하는 중요한 일을 하지.

사람의 몸에는 이렇게 땀샘이 있는데, 개의 몸에는 땀샘이 없단다. 그래서 몸속에 있는 많은 열을 입으로 내보낼 수밖에 없는 것이지.

그래서 여름에는 개가 혀를 내놓고 숨을 쉬는 모습을 자주 볼 수 있는 거란다.

## 지렁이는 어떻게 길을 찾아요?

비 온 뒤에 땅을 슬금슬금 기어가는 지렁이를 보면 사람들은 '아이, 징그러워!' 하면서 도망가 버리지.

그런데 지렁이는 길쭉하기만 하고, 우리 사람이나 다른 동물처럼 팔다리가 없어. 게다가 눈도 없고 귀도 없어서 보이지도 들리지도 않는데, 어떻게 꼬물꼬물 잘도 기어갈 수가 있을까?

지렁이는 눈이 없는 대신 몸으로 아주 약간 냄새와 맛을 느낄 수 있단다.

물건의 모양을 알아볼 수는 없지만, 빛을 느낄 수 있는 장치가 몸에 있지.

그래서 낮과 밤을 구별할 수 있단다. 낮이면 땅속으로 들어가고, 밤이면 나무뿌리나 땅에 떨어진 식물 찌꺼기를 먹으려 고개를 내밀지. 하지만 아무래도 눈이 없는 데다가 느릿느릿 기어가기 때문에 다른 동물들이 다가와 싸움을 걸기라도 하면 꼼짝 못하고 당할 수밖에 없단다.

지렁이가 자기 몸을 지키려면 땅속으로 기어 들어갈 수밖에 없어. 보기엔 꼬물꼬물 징그럽지만, 지렁이의 똥은 땅을 기름지게 하고 채소를 잘 자라게 해 준단다.

# 동물도 혈액형이 있어요?

우리 몸속에 있는 피는 사람마다 조금씩 달라.

이것을 엄마 아빠한테서 물려받은 혈액형이라고 해.

언니 오빠들은 'A형·B형·O형, AB형 등 혈액형에 따른 성격 구분', '혈액형과 별자리로 알아보는 마음'과 같은 주제의 책이나 기사를 즐겨 본단다.

이것이 모든 사람에게 다 들어맞는 것은 아니지만, 그래도 혈액형이 사람의 속마음이나 성격을 어느 정도 알게 해 준다고 믿기 때문이지.

그런데 사람에게만 혈액형이 있는 줄 알았더니, 동물들에게도 혈액형이 있대. 정말 신기하지 않니? 물론 동물들의 몸속에도 피가 흐르고는 있지만 혈액형도 저마다 다를 줄이야…….

사람이 크게 다쳐서 수술을 받을 때에는 다른 사람의 피 중에 혈액형이 서로 맞는 것을 골라서 피를 조금 나누어 받아야 해.

마찬가지로 동물들도 갑자기 병이 나서 목숨이 위험해지면 다른 동물의 피를 나누어 받아야 하지.

사람이 보통 네 가지 혈액형을 갖고 있다면, 소는 F혈액형이나 M, N 등 여러 새로운 이름의 혈액형을 열두 가지나 갖고 있어. 말은 일곱 가지, 양은 여덟 가지, 돼지는 열다섯 가지나 된다니, 참 신기하지?

# 물고기는 어떻게 숨을 쉬어요?

사람은 콧구멍이 있고 입도 있어서 그곳을 통해 **공기**를 들이마시고 내쉴 수 있지.

하지만 사람은 물속에서는 숨을 쉴 수 없으니까 잠수할 때는 항상 산소통을 가지고 들어가야 해.

사람은 물 밖에 살면서 공기 중에 있는 **산소**를 **허파**에서 거르고 이것을 흡수하여 활용한단다. 이것을 **호흡**이라고 해.

그런데 물고기는 물속에서 어떻게 숨을 쉬는 걸까?

물고기는 사람처럼 허파를 갖고 있지 않아. 그래서 아가미를 이용해서 호흡을 한단다. 물속에도 산소가 들어 있기 때문에, 물고기는 자기들만의 특수한 기관인 **아가미**로 산소를 걸러 내어 숨을 쉴 때 쓸 수 있게 하지.

어항 속에 들어 있는 물고기를 한번 자세히 살펴보렴.

입을 벌려 물을 들이마실 때에는 아가미가 닫혀 있단다. 입을 닫으면 아가미가 살짝 열리지. 이때 아가미를 통해 물이 빠져나간단다.

이렇게 물이 빠져나갈 때 물고기의 몸 구석구석에는 살아가는 데에 필요한 산소가 퍼져 나가지.

사람도 다른 동물도 저마다 숨을 쉬고 살아가는 여러 가지 방법이 있는 거야. 만약에 사람에게 허파도 있고 아가미도 있다면 물속이나 물 밖 어디서든 살아갈 수 있겠지.

## 가을이 오면 왜 단풍이 들어요?

가을은 온 산이 옷을 예쁘게 갈아입는 계절이지.
봄에는 벚꽃이랑 진달래 등 여러 꽃들이 활짝 얼굴을 내밀고, 여름에는 조금 더 진해진 초록빛이 온통 반짝반짝 빛나는데, 가을에는 따로 꽃을 피우지 않아도 나무들이 꽃을 피운 것처럼 알록달록하잖아.
게다가 모두 같은 색깔로 변하는 게 아니고, 단풍나무는 빨강, 은행나무는 노랑…… 나무마다 색깔도 다르게 물들지.
가을이 되어서 몇몇 나무에 단풍이 드는 이유는, 나무가 튼튼하게 겨울을 보내기 위해 자기를 지키는 것이란다.
가을이 되면 낮에는 느낄 수 없지만 밤에는 온도가 뚝 떨어지지. 이때 이들 나무는 보통 때처럼 광합성을 하려고 노력한단다.
그러는 동안 잎에 있던 양분이 줄기로 가지 못하고 잎에 그대로 남아 있게 되지. 이때 잎에 있던 엽록소가 없어지고 다른 색소가 그 잎을 물들이는 거야. 그것이 바로 단풍나무의 빨강, 은행나무의 노랑 등 여러 가지로 나타나는 것이지.

이것은 우리나라가 사계절이 뚜렷하게 바뀌기 때문에 볼 수 있는 자연의 선물 가운데 하나라고 할 수 있어.

우리나라는 북쪽 지방에서부터 단풍이 물들기 시작해. 9월 말 정도부터 시작되어 11월까지 온 나라에 걸쳐서 나타나는 단풍은 해마다 가을 산을 아름답게 수놓고 있단다.

## 앵무새는 어떻게 말할 수 있어요?

동물은 말을 할 수 없는 대신 몸짓이나 소리로 얘기하는데, 어떻게 앵무새는 사람의 말을 할 수 있는 걸까?

물론 모든 앵무새가 다 사람의 말을 따라 하는 것은 아니야.

전 세계의 앵무새는 종류가 300가지가 넘어. 그중에서 사람 말을 할 수 있는 앵무새는 몇 종류뿐이지.

그리고 이 말은 오로지 반복 연습을 시켜서 할 수 있는 거란다. 그러니까 앵무새랑 친구처럼 어떤 말이든지 주고받을 수 있는 건 아니란다. 앵무새한테는 사람의 말을 따라 할 수 있는 혀가 발달되어 있어. 참새나 제비 등 많은 새들은 혀가 딱딱하고 가늘어서 사람의 소리를 내기에 적당하지 않지.

하지만 앵무새나 구관조의 혀는 사람의 혀랑 비슷하게 살도 많이 있고 부드럽게 잘 움직인단다.

그래서 꾸준히 연습을 시키면 사람의 말을 흉내 내는 것은 물론이고, 개가 짖는 소리나 종소리도 흉내 낼 수 있을 정도지. 그리고 앵무새는 뇌 속에서 소리 듣기를 맡은 신경이 다른 동물들에 비해서 발달되어 있단다. 이것 때문에 소리 흉내를 잘 낼 수 있는 것이지.